Ökotopia

Finger-Spiele Hits

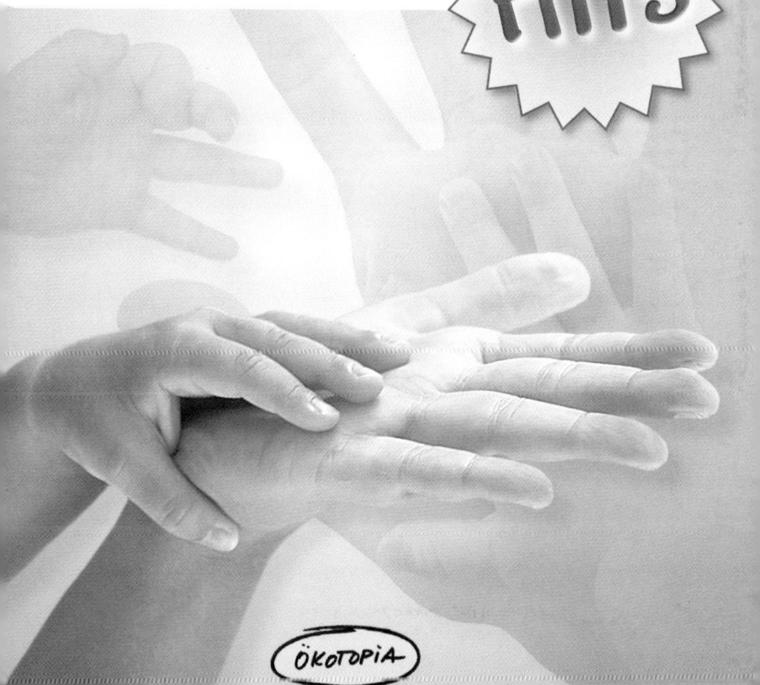

ÖKOTOPIA

Impressum

AutorInnen	Wolfgang Hering · Brigitte Schanz-Hering · Brigitte Wilmes-Mielenhausen · Andrea Erkert · Elke Gulden · Bettina Scheer
Redaktion	Katrin Röntgen
Covergestaltung	Volker Schönemann
Satz	art applied, Druckvorstufe Hennes Wegmann, Münster
ISBN	978-3-86702-129-6

2. Auflage 2011

Inhalt

Sprechmuntermacher & Beziehungsstifter

„Das ist der Daumen, der schüttelt die Pflaumen ..."
In den Ökotopia-Fingerspiele-Hits erwartet Sie eine kunterbunte Sammlung aus traditionellen und modernen Texten, kurzen Reimen mit einfachen Bewegungsimpulsen für die Kleinsten sowie fremdsprachige Verse und lustige Klatsch- und Reaktionsspiele für die Älteren.

Die beliebten Spiele mit Fingern und Händen haben eine Menge zu bieten: Sie sind Langeweilevertreiber für alle Gelegenheiten, Türöffner für Themen wie Jahreszeiten, Tiere oder Berufe, sie funktionieren als animierende Sprechmuntermacher und als Beziehungsstifter im nahen Kontakt zwischen Kindern und Erwachsenen.

Nicht zuletzt profitieren ErzieherInnen, PädagogInnen und Eltern bei den „Ökotopia-Spiele-Hits" von der Erfahrung aus über 25 Jahren Spielpädagogik: Alle Spiele stammen aus unseren bewährten Praxisbüchern verschiedener erfolgreicher AutorInnen und sind hier im handlichen Hosentaschenformat thematisch neu zusammengestellt. So können Sie überall und jederzeit loslegen: *„... der hebt sie auf, der bringt sie nach Haus' ..."*

Elefant & Wackelgans

Wi-Wa-Wackelgans

W. Hering: Kunterbunte Fingerspiele

Kennst du die Wi-Wa-Wackelgans,
Finger und Daumen bilden den Schnabel
wackelt mit dem Federschwanz?
mit dem Po wackeln

Mit dem Schnabel kann sie schnattern,
mit den Flügeln kann sie flattern,
Flugbewegungen mit den Händen machen
schwimmen kann sie durch den Graben –
Paddelbewegungen
diese Gans, die will ich haben!

Familie Maus

W. Hering: Kunterbunte Fingerspiele

Das ist Papa-Maus,
Daumen zeigen
sieht wie alle Mäuse aus:
hat große Ohren,
mit den Händen große Ohren zeigen
eine spitze Nase,
Fingerspitzen vor die Nase halten
weiches Fell
mit einer Hand die andere streicheln
und einen Schwanz, der ist so lang.
mit den Händen einen Schwanz andeuten

Das ist Mama-Maus ...
Zeigefinger zeigen ...
Das ist Bruder-Maus ...
Mittelfinger zeigen ...
Das ist Schwester-Maus ...
Ringfinger zeigen ...

Das ist Baby-Maus,
kleinen Finger zeigen
sieht nicht wie alle Mäuse aus:

hat kleine Ohren,
mit den Händen kleine Ohren zeigen
eine platte Nase,
Nase mit der Hand sanft platt drücken
strubbeliges Fell
mit einer Hand die andere kraulen
und einen Schwanz, der ist so kurz.
Daumen und Zeigefinger zeigen kleine Spanne

Ei, wer kommt denn da daher?

E. Gulden, B. Scheer: Singzwerge & Krabbelmäuse

Ei, wer kommt denn da daher?
Ist das nicht der braune Bär?
mit den Handflächen auf den Boden patschen

Oder gar der Elefant
aus dem fernen Morgenland?
mit den Fäusten auf den Boden schlagen

Nein, es ist ein kleines Mäuselein,
das läuft trippeltrappel, trippeltrappel
mit zwei Fingern über den Boden trippeln
in sein Häuschen rein.
Kind am Bauch kitzeln

Ein kleiner Fisch schwimmt hin und her

E. Gulden, B. Scheer: Singzwerge & Krabbelmäuse

Ein kleiner Fisch schwimmt hin und her
im großen, weiten, blauen Meer.
eine Hand aufstellen und Schlängelbewegungen machen

Da trifft er auf den Kugelfisch
und dieser bittet ihn zu Tisch.
mit der anderen Hand die gleiche Bewegung machen

Er will mit ihm leck're Algen essen,
denn darauf sind Fische ganz versessen.
Essbewegungen mit der Hand machen

Doch kaum seh'n sie ein Fischernetz,
schon folgen sie dem Fischgesetz.
Finger zu einem Netz verschränken

Sie schwimmen in and'rer Richtung weiter,
freuen sich und bleiben heiter.
Schlängelbewegung wiederholen

Zehn kleine Spatzen

B. Wilmes-Mielenhausen: Das Krippenkinder-Spielebuch

Zehn kleine Spatzen
sitzen auf dem Dach.
Zehn kleine Spatzen
machen ganz schön Krach.
alle Finger auf dem Kopf wie Spatzenschnäbel bewegen

Klatscht der Bauer: husch, husch, husch,
klatschen
fliegen sie zum nächsten Busch.
die Finger zur Seite bewegen
Fliegen einmal rund ums Feld,
Finger im Kreis herum bewegen
fliegen weiter in die Welt.
Finger zur Decke bewegen

Ich baue mir ein Haus

W. Hering: Kunterbunte Fingerspiele

Ich baue mir ein Haus.
Im Keller wohnt die Maus.

Im ersten Stock die weiße Katz.
Der Hund hat vor der Türe Platz.

Im zweiten Stock wohnt Großmama.
Im dritten Stock wohnt Großpapa.

Im vierten gehen die Eltern rein.
Im fünften wohn' ich ganz allein.

Und unterm Dach ein Vogelpaar,
das wünscht uns Glück das ganze Jahr.

Zur ersten Zeile werden die Umrisse eines Hauses mit den Händen gezeigt. Bei den folgenden Zeilen wird der jeweils nächst höhere Stock mit einer flachen Hand angezeigt.

Der Klapperstorch

W. Hering: Kunterbunte Fingerspiele

Mit dem Klapperschnabel, horch,
klappert laut der Klapperstorch.
die Hände klappen wie ein Schnabel auf und zu

Zieht die Gummistiefel an,
dass er durchs Wasser laufen kann.
auf der Stelle staksen

Und dann geht er mit dem langen
Klapperschnabel Frösche fangen.
mit den Händen zuschnappen

Wenn er dann den See verlässt,
fliegt er schnell zu seinem Nest.
Flugbewegungen mit beiden Armen

Fünf Tiere aus Afrika

W. Hering: Fingerspiele von fern und nah

Fünf Tiere seht ihr alle da,
die leben meist in Afrika.
Der Dicke ist ein Elefant,
hebt einen Baumstamm aus dem Stand.

Der Affe hier hat sehr viel Charme,
es juckt ihn oft mal unterm Arm.
Das Nashorn öffnet gern sein Maul
zum Gähnen, scheinbar ist es faul.

Und das Kamel, das kommt sodann,
läuft weit und hat zwei Höcker dran.
Das kleinste Tier, das ist nicht dumm,
das fliegt als Fliege hier herum.

Die Finger einer Hand werden mit dem Daumen beginnend nacheinander ausgestreckt.

Der schwarze Panther

W. Hering: Fingerspiele von fern und nah

Im Dunkeln schleicht ein Tier heran.
Es hat ein dichtes Fellkleid an.
Der schwarze Panther ist sehr stark.
Er kommt zurück von seiner Jagd.

Im Maul trägt er die Beute,
die reicht ihm aus für heute.
Von seinem Ausflug ist er zurück.
Da hast du aber Glück.

Die Hände reiben abwechselnd rhythmisch über die Oberschenkel. Zur letzten Zeile fest auf die Knie klatschen und die Hände locker fallen lassen.

Das kranke Krokodil

W. Hering:
AQUAKA DELLA OMA

Ich hab ein Krokodil geseh'n,
eine Hand stellt mit dem Arm das Krokodil dar
das kann – oh Wunder – aufrecht geh'n.
Zeigefinger der anderen Hand deutet darauf
Es läuft herum, ist gar nicht faul
Hand bewegt sich hin und her
und öffnet gern sein Maul.
Daumen und Finger klappen auf und zu

Morgens kommt es kaum heraus.
Dann gähnt es und sieht furchtbar aus.
Daumen und Zeigefinger weit auseinander
Am Tag flitzt es im Dauerlauf
schnell hin und her wandern
und macht sein Maul oft auf.
Daumen und Zeigefinger schnell auf und zu klappen

Doch heut' liegt es – was geht hier ab –
am Boden und ist ganz schön schlapp.
Hand legt sich auf den Schoß
Es wälzt sich hin und wieder her.
Hand hin und her wenden
Das Atmen fällt ihm wirklich schwer.
mühsam Daumen und Zeigefinger aufklappen

Es fängt auch noch zu weinen an,
weinen nachahmen
was so ein Krokodil auch kann.
die andere Hand tröstet das Krokodil
Es trinkt die Medizin und zuckt
pantomimisch Medizin eingießen
und schüttelt sich und schluckt und schluckt.

Verzieht das Krokodilsgesicht,
Hand schütteln
denn dieser Saft, der schmeckt ihm nicht.
Kopf schütteln
Doch irgendwann, da steht es auf
Arm nach oben strecken
und läuft davon im Dauerlauf.
Hand verschwindet hinter dem Rücken

Ein Federchen flog übers Land

W. Hering: Kunterbunte Fingerspiele

Joachim Ringelnatz

Ein Federchen flog übers Land.
die Finger der linken Hand fliegen lassen
Ein Nilpferd schlummerte im Sand.
die rechte Hand zur Faust ballen

Die Feder sprach: „Ich will es wecken!"
Sie liebte es, andere zu necken.

Aufs Nilpferd setzte sich die Feder
die Finger fliegen sanft auf die Faust
und streichelte sein dickes Leder.
die Faust sanft streicheln

Das Nilpferd öffnete den Rachen
die rechte Hand weit öffnen
und musste ungeheuer lachen.

Bei einem Partnerspiel kann der Handrücken des Kindes mit einer Feder gestreichelt werden.

Hexen & Matrosen

Hexe Pimpernelle

W. Hering: Kunterbunte Fingerspiele

Kennt ihr schon die Hexenbraut
Pimpernelle Zwiebelkraut?
ein gekrümmter Zeigefinger wird zur Hexe
Rückwärts kriecht sie aus dem Bett,
aus der flachen Hand
schrubbt sich ab mit Stiefelfett.

Kocht sich Seifenblasentee,
mit einem Finger in der geöffneten Hand rühren
isst Scheuerlappen mit Gelee,
Zittergras und Fliegenkleckse:
Ja, das schmeckt der kleinen Hexe.

Doch das ist schon lange her,
Pimpernelle lebt nicht mehr.
Hat sich Erbsenbrei gemacht
und sich beim Kichern totgelacht: „Hihihihihi …"
lange und laut kichern, immer leiser werden

Der Zauberer

B. Wilmes-Mielenhausen: Das Krippenkinder-Spielebuch

Fidibus, der Zauberer, trägt einen spitzen Hut.
mit den Händen einen Hut auf dem Kopf zeigen
Da leuchten Silbersterne drauf, der steht ihm wirklich gut.
Er hat spitze Glitzerschuh und schrecklich lange Beine.
auf die Füße zeigen, Beine auf und ab bewegen
Im Schrank, da liegt sein Zauberstock, der tanzt sogar alleine.
Stock in der Luft hin und her bewegen

Kaum sagt er: „Pokus-Fidibus“, da flattert eine Eule.
Arme ausbreiten und auf und ab bewegen
Und klatscht er zweimal in die Hand,
fliegt weg sie mit Geheule.
in die Hände klatschen und Arme heben
Kaum sagt er: „Aba-kada-bum,“ schon fallen Regentropfen.
durch Trommeln mit den Fingern „Regen“ andeuten
Und hebt er dann den Zauberstock,
beginnt es laut zu klopfen.
Stock heben und laut klopfen

Kaum winkt er mit dem Zaubertuch,
da blitzt es – ach, du Schreck!
mit beiden Armen winken
Und ruft er dann: „Auf wiederseh'n!“,
dann ist er plötzlich weg!
den Kopf unter den Armen verstecken

Es steht im Wald ein Räuberhaus

W. Hering: Kunterbunte Fingerspiele

Es steht im Wald ein Räuberhaus,
die Hände formen ein Dach
da schau'n fünf Wilde zum Fenster raus.
Hand über die Augen halten und grimmig gucken

Hier ist der Räuber Kugelblitz,
ab hier für jeden Räuber einen Finger hochhalten
daneben Räuber Weißvonnix,
da schaut Räuber Allzuschlau,
da guckt Räuber Machtradau.

Und aus dem kleinsten Schlüsselloch,
Daumen und Zeigefinger zu einem Ring formen und hindurchschauen
da ruft der fünfte: „Fang mich doch!"
mit dem kleinen Finger wackeln

Fünf Zwerge

W. Hering:
Kunterbunte Fingerspiele

Da oben auf dem Berge,
mit dem Finger zeigen
da ist der Teufel los.
Da zanken sich fünf Zwerge
fünf Finger zeigen
um einen dicken Kloß.
mit der anderen Hand eine Faust bilden

Der erste will ihn haben,
der zweite lässt ihn los.
Der dritte fällt in den Graben,
der vierte erhält einen Stoß.
Der fünfte schnappt den Kloß –
und isst ihn pur auf Toast!

Frau Holle

E. Gulden, B. Scheer:
Singzwerge & Krabbelmäuse

Wir schütteln uns're Betten aus,
Bewegung nachahmen
's fällt weicher, weißer Schnee heraus.
Finger zappelnd von oben nach unten bewegen
Die Flöckchen fallen ohne Ruh'
mit den flachen Händen über den Boden streichen
und decken die ganze Erde zu.

Matrosen

B. Wilmes-Mielenhausen: Das Krippenkinder-Spielebuch

Fünf Leichtmatrosen
in kurzen Hosen
gehen über Bord:
mit der flachen Hand über die Handfläche des Kindes streichen

Der erste springt ins Wasser.
Der zweite springt ins Wasser.
Der dritte springt ins Wasser.
Der vierte springt ins Wasser.
Der fünfte springt ins Wasser.
mit dem Daumen beginnend alle Finger einer Hand zeigen

Fünf Leichtmatrosen
in kurzen Hosen
schwimmen zurück an Bord:
mit der flachen Hand über die Handfläche des Kindes streichen

Der erste schwimmt zurück,
der zweite schwimmt zurück,
der dritte schwimmt zurück,
der vierte schwimmt zurück,
der fünfte schwimmt zurück.
mit dem Daumen beginnend alle Finger einer Hand zeigen

Jetzt sitzen sie wieder an Bord
und wollen nie wieder fort.
mit der flachen Hand über die Handfläche des Kindes streichen

Die fünf Bauern

W. Hering: Kunterbunte Fingerspiele

Es schlafen noch fünf Bauern
im Bett lang ausgestreckt.
eine Hand liegt auf den Oberschenkeln
Im Morgengrau'n, da werden sie
vom Hahnenschrei geweckt.
„Kikerikii"

Der erste melkt die Kühe
geduldig Stück für Stück.
Melkbewegungen
Der zweite fährt im Traktor
die Rüben zur Fabrik.
große Lenkbewegungen machen

Der dritte füttert Hühner,
die legen Eier dann.
Körner ausstreuen
Der vierte baut im Garten
ganz viel Gemüse an.
mit der Hacke arbeiten

Der fünfte, der liegt auch nicht
auf der faulen Haut.
Er hat für seine Pferde
ein Haus mit Stall gebaut.
Haus zeigen

Da kommen viele Kinder
und schau'n sich erst mal um,
dann reiten sie auf Pferden
und hüpfen viel herum.
alle reiten und hüpfen durch den Raum

Die Baumeister

W. Hering:
Kunterbunte Fingerspiele

Der baut ein Haus,
der baut eine Brücke,
der baut einen Turm,
der baut ein Tor
und der kleine Schelm
guckt da hervor.

Nacheinander werden alle fünf Finger einer Hand mit dem Daumen beginnend gezeigt.

Zehn Feuerwehrmänner

W. Hering: Fingerspiele von fern und nah

Zehn Feuerwehrmänner, was machen die bloß?
Sie sitzen herum, es ist nichts los.

Der erste sieht Qualm im Holzhaus dort.
Er drückt den roten Alarmknopf sofort.
Nummer zwei zieht die schwarzen Stiefel an
und springt auf das rote Auto sodann.

Der dritte zieht den Helm übers Haar
und ruft: „Zur Abfahrt ist alles klar!"
Nummer vier hat bald hundert Sachen drauf,
und dann dreht der fünfte das Wasser auf.

Der sechste hält den Schlauch in der Hand:
Das Wasser schießt jetzt auf den Brand.
Der siebte schreit: „Da ist ein Kind im Haus!"
Der achte holt's aus den Flammen raus.

Der neunte löscht die ganze Nacht
und hat das Feuer ausgemacht.
Der zehnte ruft: „Uff, das war schwer,
ja, wir sind eine tolle Feuerwehr!"

Alle zehn Finger kommen passend zum Text zum Einsatz.

Wer backt die Brötchen gar so lecker?

A. Erkert: Das Stuhlkreisspiele-Buch

Wer backt die Brötchen gar so lecker?
Das ist die Bäckerin oder der Bäcker.

Wer verkauft Eis, wo immer man es kann?
Das ist die Eisfrau oder der Eismann.

Wer hobelt glatt den Tisch wie keiner?
Das ist die Schreinerin oder der Schreiner.

Wer arbeitet zu Hause so viel er kann?
Das ist die Hausfrau oder der Hausmann.

Wer ist zum Arbeiten noch viel zu klein?
Das sind die Kinder, die spielen vergnügt daheim.

Die Kinder bilden zwei Fäuste. Mit den Daumen beginnend strecken sie nacheinander die einzelnen Finger aus, wobei sie abwechselnd mit den Fingern der einen Hand die Frauen darstellen und mit den Fingern der anderen Hand die Männer. Am Ende strecken sie die kleinen Finger gleichzeitig aus und wackeln mit ihnen hin und her.

Sonnenstrahl & Apfelbaum

Wind, Sonne, Wasser und Erde

W. Hering: Fingerspiele von fern und nah

Ich bin die Sonne, die gern scheint,
für die Natur bin ich ein Freund.
Finger als Sonnenstrahlen spreizen
Ich bin das Meer und ströme gut
und bring' euch Ebbe und die Flut.
Hand zeichnet die Wellen nach

Ich bin die Erde mit Vulkan
und sprüh' dort Feuer mit Elan.
die Hände nach oben werfen
Ich bin der Wind, blas' Tag und Nacht,
ja, das ist meine große Macht.
kräftig blasen

Uns gibt es alle massenhaft.
Wir vier, wir haben sehr viel Kraft.
Von uns'rer Sorte gibt's genug,
wer uns benutzt, der ist sehr klug.
mit dem Finger an die Stirn tippen

Sonne, Wasser, Erde, Wind
gibt's reichlich, das weiß jedes Kind.

Hier werden vier Finger für die Elemente passend zum Text ausgestreckt.
Die Spielleitung nutzt das Fingerspiel, um mit den Kindern über die vier Elemente und unsere Energievorräte ins Gespräch zu kommen.

Regenspiel

W. Hering:
Fingerspiele von fern und nah

Regen tripp und Regen trapp,
die Hände schütteln alles ab.

Erst die rechte, dann die linke,
schau, sie machen winke, winke.

Auf und nieder, immer wieder,
schüttle ich und rüttle ich.

So geht alles Wasser ab,
und die Hände sind ganz schlapp.

Ein Stück zum Abreagieren, z.B. nach dem Sport.
Die Bewegungen folgen dem Text.

Der leuchtende Regenbogen

W. Hering: Kunterbunte Fingerspiele

Drippel, droppel, Tröpfchen,
immer auf mein Köpfchen,
viele Wolken, komm und schau:
Alles ist am Himmel grau.
Die Finger tippeln auf dem Kopf.

Da, auf einmal, was ist das?
Noch sind alle Wiesen nass.
Da kommt aus dem Wolkentor
strahlend hell die Sonne vor.
große Sonne mit beiden Händen zeigen

Und sie malt mit leichter Hand
die Farben auf die Regenwand:
mit einem imaginären Pinsel malen
Violett und Gelb und Blau,
Rot, Orange und Grün – so schau!

Leuchtend ist der Regenbogen
über Feld und Wald gezogen.
Regenbogen, du bist schön,
ich will dich noch lange seh'n.

Und verschwindest du vor mir,
bleibst du steh'n auf dem Papier,
denn wir malen dich ganz bunt,
groß gleich in den Vordergrund.

Alle Kinder malen zum Abschluss einen bunten Regenbogen.

Fünf Bäume

W. Hering:
Kunterbunte Fingerspiele

Fünf Bäume steh'n im Garten,
da will ich fleißig warten,
damit in späteren Tagen
sie viele Früchte tragen.

Der Baum, der kleine Daumen,
trägt bald schöne Pflaumen,
der Zeigefinger Birnen,
der mittlere ist ein Kirschbaum,
der gold'ne ist ein Apfelbaum,
und dieses kleine Fingerlein,
das soll unser Weinstock sein.

Nacheinander werden alle Finger passend zum Text angefasst.

Sonnenblume

W. Hering: Kunterbunte Fingerspiele

Eine schöne Sonnenblume
steht an unser'm Gartenzaun.
Außen hat sie Blütenblätter,
innen ist sie braun.

Kommt ein Vogel angeflogen,
hungrig ist er sehr.
Sonnenblume, Sonnenblume,
gib mir Kerne her.

Sonnenblume gibt dem Vogel
Körner ohne Zahl.
„Danke", ruft der Vogel fröhlich,
„für das gute Mahl und bis zum nächsten Mal."

Die Finger einer Hand spreizen sich nach allen Seiten ab. Die andere Hand fliegt als Vogel herbei.

Der Kaktus

W. Hering:,
Kunterbunte Fingerspiele

Ein Kaktus stand im Wald,
der war schon mächtig alt.
Finger in verschiedene Richtungen spreizen
Da kam ein Mann mit Glatze
die andere Hand zur Faust ballen
und machte eine Fratze: Bäh!
Faust kurz öffnen

Das gefiel dem Kaktus nicht,
und er stach den Bösewicht.
Ihr wisst schon wo:
in den Po!
Zeigefinger piekst in die Faust

Obstsalat

E. Gulden, B. Scheer:
Singzwerge & Krabbelmäuse

Der Erste schneidet Apfelscheiben,
der Zweite holt die Dattelfeigen.
Der Dritte schneidet Birnen klein,
der Vierte hackt die Nüsse fein.
Der Fünfte rührt das alles zart
zu einem leck'ren Obstsalat.

Zu jeder Zeile wird die passende Fingerkuppe gedrückt.

Die fünf Äpfel

W. Hering: Kunterbunte Fingerspiele

Der erste Apfel schläft hoch im Baum
und träumt einen tiefen Apfeltraum.

Den zweiten Apfel, wehe, wehe,
den holt die alte, schwarze Krähe.

Den dritten Apfel pflückt der Klaus.
Das gibt bald guten Apfelschmaus.

Den viertel Apfel packt der Wind
und wirft ihn weit ins Gras geschwind.

Den fünften Apfel pflücke ich mir.
Ich reibe ihn ab und schenke ihn dir.

Die Finger der rechten Hand werden nacheinander gezeigt, beginnend mit dem kleinen Finger. Zum Schluss pflückt die linke Hand den rechten Daumen.

Der schöne Kirschzweig

W. Hering: Kunterbunte Fingerspiele

Ei, seht den schönen Kirschzweig an,
fünf rote Kirschen hängen dran.

Das ist die Kirsche kugelrund.
Das ist die Kirsche kerngesund.
Das ist die Kirsche Zuckerblut
und das die Kirsche gar so gut.

Die letzte Kirsche ist die Beste,
da komm'n ein Spatz und seine Gäste.
Er rupft und zupft und reißt und beißt,
hat alle fünf dann gleich verspeist.

Eine Hand spielt den Baum mit den fünf Fingern als Kirschen. Zeigefinger und Daumen der anderen Hand bilden den Spatzenschnabel, der an den Kirschen zupft und zieht.

Wir stapfen durch den Schnee

W. Hering: Kunterbunte Fingerspiele

Wir stapfen durch den Schnee
zur schönen Winterzeit.
Hände patschen auf die Oberschenkel
Wir finden einen Tannenbaum,
und der ist ganz verschneit.
Arme hängen als Tannenzweige herunter

Klingelingeling, klingelingeling,
ein Glöckchen läuten
komm und steig mit ein.
Wir machen eine Schlittenfahrt
ins Weihnachtsland hinein.
mit den Zeigefingern Schlittenkufen bilden und auf den Oberschenkeln rutschen

Der Mond, der steht am Himmelszelt

W. Hering: Fingerspiele von fern und nah

Der Mond, der steht am Himmelszelt
Hände zu einer Kugel formen und nach oben halten
und schaut auf diese große Welt.
Arme ausbreiten
Er sagt den Fischen: „Gute Nacht",
Schwimmbewegungen machen
hält bei den Vögeln treue Wacht.
Arme ausbreiten und wie ein Vogel flattern

Er schickt den kühlen Wind nach Haus
mit den Händen Trichter formen und durchblasen
und bläst die Straßenlampen aus.
nochmal blasen
Jetzt hat er für dich ganz viel Zeit.
Kind streicheln
Leg dich jetzt hin, mach dich bereit
Kind hinlegen und zudecken
für die ruhige, lange Nacht,
der Mond gibt ganz gut auf dich acht.

Hello & Bonjour

Andere Sprachen

W. Hering:
Fingerspiele von fern und nah

Ein Finger sagt: „How do you do?
Ich kann schon Englisch, was kannst du?"

„Bonjour", legt da der zweite nach,
das heißt französisch: „Guten Tag".

Der dritte spricht: „Si, si, hola."
Das ist jetzt Spanisch, ist doch klar.

Der vierte kommt aus der Türkei:
„Merhaba, ich bin auch dabei."

Der fünfte ruft: „Ich zähl bis drei,
dann bringt ihr mir die Wörter bei."

Die Finger einer Hand werden mit dem Daumen beginnend nacheinander ausgestreckt.
***Hinweis:** Das spanische Wort „hola" wird hier mit der Betonung auf der zweiten Silbe ausgesprochen.*

Ten little fingers

B. Schanz-Hering: Englische Bewegungshits

Ten little fingers,
ten little toes,
two little eyes and
one little nose.

Two little cheeks,
one little chin
and one little mouth
where the toffee goes in!

Jede Zeile wird erst von einem Erwachsenen gesprochen, verbunden mit dem Zeigen der genannten Körperteile, und direkt von den Kindern wiederholt.
Ist das Fingerspiel schon vertraut, werden die Zeilen ohne Bewegung vorgesprochen und von den Kindern mit der Bewegung wiederholt.
Als kleine Belohnung gibt es nach der letzten Zeile für jedes Kind einen „toffee"!

I have a cat

B. Schanz-Hering: Englische Bewegungshits

I have a cat,
pantomimisch eine Katze auf dem Arm streicheln
my cat is fat.
mit der rechten Hand den dicken Bauch der Katze zeigen

I have a cat,
s.o.
my cat wears a hat.
Hut auf dem Kopf andeuten

I have a cat,
s.o.
my cat caught a bat.
Hände vor dem Körper kreuzen und Flatterbewegung andeuten

I have a cat,
s.o.
miaow!

I went fishing

B. Schanz-Hering: Englische Bewegungshits

I went fishing, I went fishing,
I went fishing until five,
and I caught a fish alive.

Sechs Kinder sitzen um einen Tisch herum und legen ihre Hände auf der Tischplatte ab. Ein Kind ist der „fisherman“: Dieser lässt zum gemeinsam gesprochenen Vers eine Hand über den anderen Händen kreisen. Bei „alive“ darf der „fisherman“ einen Fisch, also eine Hand fangen, während die Kinder gleichzeitig schnell ihre Hände wegziehen.
Derjenige, dessen Hand gefangen wird, ist in der nächsten Runde der neue „fisherman“. Wurde niemand erwischt, beginnt eine neue Runde mit demselben „fisherman“.

Two little blackbirds

B. Schanz-Hering: Englische Bewegungshits

Two little blackbirds
beide Zeigefinger auf Schulterhöhe hochstrecken
sitting on a hill,
one named Jack,
rechten Zeigefinger krümmen
one named Jill.
linken Zeigefinger krümmen

Fly away, Jack,
rechten Zeigefinger hinter dem Rücken verstecken
fly away, Jill.
linken Zeigefinger hinter dem Rücken verstecken
Come back, Jack,
rechten Zeigefinger wieder hervorholen
come back, Jill.
linken Zeigefinger wieder hervorholen

Un Huevito

W. Hering: Fingerspiele von fern und nah

Este compró un huevito.
(Dieser hat ein Ei gekauft.)
Este le puso a asar.
(Dieser hat es gebraten.)
Este le echó la sal.
(Dieser hat es gesalzen.)
Este probó un poquito
(Dieser hat ein bisschen probiert)
y este picaro, gordo gordito
(und dieser Spitzbube, dieses Dickerchen,)
se lo comió todito!
(hat es ganz aufgegessen!)

Das Hühnerei

Dieser kauft ein Hühnerei.
Dieser kocht es einwandfrei.
Dieser salzt es richtig ein.
Dieser nimmt's in Augenschein.
Dieser Schelm hat es infolgedessen
ganz alleine aufgegessen.

Dieses populäre spanische Fingerspiel existiert in vielen Variationen. Nacheinander werden alle fünf Finger gezeigt.

J'ai dix doigts

W. Hering: Fingerspiele von fern und nah

J'ai dix doigts,
(Ich habe zehn Finger,)
ils sont tous à moi.
(sie gehören alle mir.)

Je peux les ouvrir, je peux les fermer.
(Ich kann sie öffnen, ich kann sie schließen.)
Je peux les faire danser en haut.
(Ich kann sie nach oben tanzen lassen.)

Je peux les faire danser en bas.
(Ich kann sie nach unten tanzen lassen.)
Je peux les croiser.
(Ich kann sie kreuzen.)

Je peux les rassembler
(Ich kann sie wieder zusammenführen)
et je peux les fermer.
(und ich kann sie schließen.)

Ich habe zehn Finger

Ich habe zehn Finger,
sie gehören zu mir.
Ich öffne und schließe sie,
dann tanzen sie mit mir.

Sie tanzen einmal hoch
und tanzen auch am Bein.
Sie greifen ineinander
und schlafen alle ein.

Die Bewegungen folgen dem Text.

Buraya bir kuş konmuş

W. Hering: Fingerspiele von fern und nah

Buraya bir kuş konmuş. (Hier ist ein Vogel gelandet.)
Bu tutmuş. (Der hat ihn gefangen.)
Bu kesmiş. (Der hat ihn gerupft.)
Bu pişirmiş. (Der hat ihn gekocht.)
Bu yemiş. (Der hat ihn gegessen.)
Bu da okuldan gelmiş:
(Der kommt von der Schule nach Haus und ruft:)
„Hani bana, hani bana? demiş."
(„Wo ist mein Stück, wo ist mein Stück?")

Originaltext aus der Türkei: In der ersten Zeile werden die Fingerspitzen einer Hand auf die Handfläche der anderen Hand gedrückt. In den folgenden Zeilen werden die Finger einer Hand einzeln hochgestreckt.

Ein Huhn

Ein Huhn ist hier untergeschlupft.
Der hat es gerupft.
Der hat es gekocht.
Der hat schon immer das Essen gemocht.
Der kommt von der Schule nach Haus'
und ruft: „Holt den Braten heraus!"

Druschba – Freundschaft

W. Hering: Fingerspiele von fern und nah

I bosche nje deris a jesli budjesch dratsa
ja budu kusatza, a kusatza ne pritschjom.
Ja udarju kirpitschom, a kirpitsch ne nuschen
druschba natschinajetsa.

Ein russisches Stück in Lautschrift übertragen, das sich gut zur Versöhnung bei einem Streit eignet.
Zwei Kinder stehen sich gegenüber und sind mit den kleinen Fingern eingehakt. Sie sprechen den Vers und bewegen dabei die Arme rhythmisch vor und zurück. Bei dem Wort „Druschba" (Freundschaft) schlagen sie mit der freien Hand auf die eingehakten Finger und trennen die beiden Hände.

Wir woll'n uns nicht mehr schlagen

Wir woll'n uns nicht mehr schlagen
und wieder gut vertragen.
Lass uns zusammenreißen,
nicht hauen, nicht mehr beißen.
Statt „ohweh" heißt es juchhe,
das tut auch nicht mehr weh.
Ein Ziegelstein zerbricht,
aber uns're Freundschaft nicht.

Dit is de Dumn

W. Hering:
Fingerspiele von fern und nah

Dit is de Dumn,
(Das ist der Daumen,)
de schüddelt de Plumn,
(der schüttelt die Pflaumen,)
de läst se up,
(der liest sie auf,)
de frätt se up,
(der frisst sie auf,)
de Lütt geiht hen un seggt 't Muddern.
(der Kleine geht nach Haus' und erzählt es der Mutter.)

Der Text eines der bekanntesten deutschen Fingerspiele im Originaltext in Mecklenburger Platt!
Mit dem Daumen beginnend werden nacheinander alle Finger einer Hand gezeigt.

Klatsch & Quatsch

Rechts-links-Klatschspiel

W. Hering: Kunterbunte Fingerspiele

Rechts, links, eins und zwei,
rechts, links, Kartoffelbrei.

Rechts, links, drei und vier.
Rechts, links, so klatschen wir.

Rechts, links, fünf und sechs,
rechts, links, alte Hex'.

Rechts, links, sieben, acht,
rechts, links, die Hose kracht.

Rechts, links, neun und zehn,
das war schön.

Die Kinder patschen bei „rechts, links" jeweils auf die Oberschenkel und klatschen danach zweimal rhythmisch in die Hände.
Beim Partnerspiel klatschen erst überkreuz die rechten, dann die linken Hände zusammen und dann zweimal beide Hände gegeneinander.

Zwicke, zwacke

W. Hering: Kunterbunte Fingerspiele

Zwicke, zwacke, Hühnerkacke,
zwicke, zwacke, in die Backe.
Zwicke, zwacke, ebenfalls,
zwicke, zwacke, in den Hals.

Zwicke, zwacke, Großalarm,
zwicke, zwacke, in den Arm.
Zwicke, zwacke, Einbahnstraße,
zwicke, zwacke, in die Nase.

Zwicke, zwacke, ganz gewandt,
zwicke, zwacke, in die Hand.
Zwicke, zwacke, Gartenschlauch,
zwicke, zwacke, in den Bauch.

Zwicke, zwacke, Messer, Gabel,
zwicke, zwacke, in den Nabel.
Zwicke, zwacke, ganz gemein,
zwicke, zwacke, in das Bein.

Zwicke, zwacke, Kolibri,
zwicke, zwacke, in das Knie.

Am besten als Eltern-Kind-Spiel einzusetzen: Auf „zwicke, zwacke" wird jeweils zweimal geklatscht und dann sanft in die entsprechenden Körperteile gezwickt.

Rumpelstilzchen – Pumpelstilzchen

W. Hering: Kunterbunte Fingerspiele

Rumpelstilzchen – Pumpelstilzchen
hat ein Näschen, hat ein Mündchen,
ganz genau wie unser Kindchen.

Rumpelstilzchen – Pumpelstilzchen
hat zwei Arme, hat zwei Beine,
ganz genau wie uns're Kleine.

Rumpelstilzchen – Pumpelstilzchen,
und hat auch, nach Adam Riese,
hier zwei Hände, da zwei Füße.

Komm, wir kitzeln es ein bisschen,
auf die Hand (den Bauch) kommt noch ein Küsschen.

Die Körperteile werden kurz berührt oder selbstständig von den Kindern bewegt. Zuletzt werden die Kinder gekitzelt und bekommen – je nach Vertrautheit – einen Kuss auf die Hand oder auf den Bauch.

Mit den Händen kann man patschen

A. Erkert: Das Stuhlkreisspiele-Buch

Mit den Händen kann man patschen
mit den Händen auf die Oberschenkel patschen
und ganz laut damit auch klatschen.
laut in die Hände klatschen

Du kannst deine Fäuste ballen
Fäuste ballen
und sie auf den Tisch fest knallen.
Fäuste auf die Oberschenkel schlagen

Hände können behutsam sein
und dich umarmen ganz allein!
beide Arme heben und rechts und links um die Nachbarkinder legen

Mein kleiner Wobbel

W. Hering: Kunterbunte Fingerspiele

Mein kleiner Wurm heißt Wobbel,
ist überhaupt nicht dumm.
Ihr haltet ihn im Auge,
er kriecht ganz gern herum.

Er schnuppert an den Füßen,
kriecht hinauf das Bein,
er will wohl in die Nase?
Da sag' ich aber: „Nein!"

Er krabbelt auf dem Kopfe,
versteckt sich hinter'm Ohr
und schaut nach einer Weile
verstohlen wieder vor.

Er kitzelt mich im Nacken,
will unter meinen Arm,
da hab' ich was dagegen.
Ich weiß, da ist es warm.

Er schleicht den Rücken runter,
kriecht überall mal rein
und findet eine Tasche,
dort schläft er ganz schnell ein.

Ein Erwachsener bewegt einen Zeigefinger dem Text entsprechend über den Körper des Kindes.

Kommando

W. Hering: Kunterbunte Fingerspiele

Binki!
mit den Fingerspitzen auf den Tisch trommeln
Dalli!
die Fingernägel aneinander reiben
Rücki!
mit den Handrücken auf den Tisch schlagen
Platti!
mit der flachen Hand auf den Tisch patschen
Fausti!
mit den geballten Fäusten trommeln
Flieger!
wie ein Flugzeug brummen und heulen
Ferrari!
Rennwagen-Geräusche machen
Elli!
mit den Ellenbogen vorsichtig auf den Tisch klopfen
Ruhe!
den Kopf in die Hände legen

Spannend wird es, wenn die Kommandos in willkürlicher Reihenfolge gerufen werden. Das Kind, das falsch reagiert, scheidet aus.

Plötzlich ist ein Finger weg

W. Hering: AQUAKA DELLA OMA

Eins, zwei, drei, vier, fünf, sechs, sieben,
Hände bleiben alle liegen,
Finger rühr'n sich nicht vom Fleck,
doch plötzlich ist ein Finger weg!

Mehrere Kinder stehen im Kreis um einen Tisch herum. Sie legen alle eine Hand in die Mitte und sprechen gemeinsam den Vers. Dazu zählt ein Kind die Finger der Reihe nach ab, indem es zu jeder Sprechsilbe auf einen Finger deutet.
Der Finger, der bei der letzten Silbe „weg" erreicht wird, muss in der nächsten Runde unter der Hand verschwinden, sodass bei jeder Runde ein Finger weniger auf dem Tisch liegt.
Wer bleibt bis zum Schluss im Spiel?

Johnny

W. Hering:
AQUAKA DELLA OMA

Johnny, Johnny, Johnny, Johnny,
ups, Johnny, ups, Johnny,
Johnny, Johnny, Johnny, gick.

Eine Hand wird in die Luft gehalten und mit der anderen werden die Finger der Reihe nach berührt und mit „Johnny" benannt. Es geht los mit dem kleinen Finger, es folgen Ring-, Mittel- und Zeigefinger (4 x „Johnny"). Das „Tal" zwischen Zeigefinger und Daumen wird mit „ups" benannt. Es folgt der Daumen („Johnny") und dann geht es in umgekehrter Reihenfolge wieder zurück: Tal („ups"), Zeige-, Mittel-, Ring- und kleiner Finger (4 x „Johnny").
Am Schluss gibt es noch einen Ausruf nach dem kleinen Finger: „gick".
Der Reiz des Spiels liegt in der Temposteigerung!
Noch schwieriger wird es, wenn bei unterschiedlichen Fingern begonnen wird.

Wer ist so stark?

A. Erkert: Das Stuhlkreisspiele-Buch

Fünf Leute sind beieinander und fragen:
„Wer ist so stark und kann diesen Stuhl tragen?"

Der Erste sagt: „Das kann ich nicht!"
Die Zweite sagt: „Zu viel Gewicht!"

Der Dritte sagt: „Das kann ich nicht heben!"
Die Vierte sagt bloß: „Nie im Leben!"

Nur den Kleinsten hört man sagen:
„Wir könnten den Stuhl gemeinsam tragen!"

Nun tragen die Fünf den Stuhl hinfort,
ganz leicht zu einem anderen Ort.

Die Kinder stehen hinter ihrem Stuhl im Stuhlkreis. Sie strecken nacheinander die einzelnen Finger aus und versuchen mit jedem Finger den Stuhl ein wenig anzuheben, schaffen es aber nicht.
Den fünften Finger strecken sie erst einzeln in die Luft, dann kommen die vier anderen dazu. Sie umfassen mit der ganzen Hand die Stuhllehne, heben den Stuhl hoch und gehen damit einen großen Schritt im Uhrzeigersinn im Kreis. Sie stellen ihn auf dem neuen Platz ab und beginnen das Fingerspiel von vorn.

Nummer eins

W. Hering: AQUAKA DELLA OMA

Nummer eins schläft in Mainz.
Nummer zwei rührt im Brei.

Nummer drei macht Geschrei.
Nummer vier spielt Klavier.

Nummer fünf tippt an die Strümpf'.
Nummer sechs ist leicht verhext.

Nummer sieben bleibt gern liegen.
Nummer acht springt hoch und lacht.

Nummer neun sagt immer: „Nein".
Nummer zehn ruft: „Tschüss, wir geh'n."

Nach und nach treten die zehn Finger auf und bewegen sich entsprechend dem Text.

Eins, zwei, drei – vorbei

W. Hering: AQUAKA DELLA OMA

Eins, zwei, drei –
vorbei.

Vier, fünf, sechs, sieben –
Tschüss, ihr Lieben.

Acht, neun, zehn –
komm, wir geh'n!

Alle zehn Finger werden nacheinander passend zum Text hoch in die Luft gestreckt.

Register & Literatur

Register

Literatur

Die Fingerspiele aus diesem Buch sowie viele weitere Spiele, Lieder und methodische Anregungen finden Sie in den folgenden Ökotopia-Titeln (s. auch **www.oekotopia-verlag.de**):

Erkert, Andrea: Das Stuhlkreisspiele-Buch. Bewegte und ruhige Spielideen zu jeder Zeit und zwischendurch. Münster (Ökotopia) 2003.

Gulden, Elke und Bettina Scheer: Singzwerge & Krabbelmäuse. Frühkindliche Entwicklung musikalisch fördern. Münster (Ökotopia) 2004.

Hering, Wolfgang: AQUAKA DELLA OMA. 88 alte und neue Klatsch- und Klanggeschichten. Mit Musik und vielen Spielideen. Münster (Ökotopia) 1998.

Hering, Wolfgang: Kunterbunte Fingerspiele. Fantastisch viele Spielverse und Bewegungslieder für Finger und Hände. Münster (Ökotopia) 2006.

Hering, Wolfgang: Fingerspiele von fern und nah. Spielverse und Bewegungslieder aus 30 Ländern von Hamburg bis Hawaii. Münster (Ökotopia) 2006.

Schanz-Hering, Brigitte: Englische Bewegungshits. Die englische Sprache mit Spiel, Rhythmus, Musik und Bewegung erleben und vermitteln. Münster (Ökotopia) 2004.

Wilmes-Mielenhausen, Brigitte: Das Krippenkinder-Spielebuch. Bedürfnisorientierte Angebote, umfassende Materialempfehlungen und viele Ideen für die pädagogische Praxis zur Beschäftigung mit den Kleinsten. Münster (Ökotopia) 2009.

Ursula Salbert

Das Körper-Entdeckungsbuch

Vielfältige Spiele, Experimente, Geschichten und kindgerechte Infos zur Entwicklung des Körper- und Gesundheitsbewusstseins

ISBN 978-3-86702-032-9

Kathrin Saudhof, Birgitta Stumpf

Mit Kindern in den Wald

Wald-Erlebnis-Handbuch
Planung, Organisation und Gestaltung

ISBN 978-3-931902-25-4

Birthe Hesebeck, Georg Lilitakis, Stefan Schulz, Dirk Gouder

Mit Robin Hood in den Wald

Waldabenteuer für Kinder: Naturerlebnisse, Tobe- und Geländespiele, Bastelaktionen mit Naturmaterialien, Infos über Pflanzen und Tiere und Geschichten von Robin Hood und seinen Gefolgsleuten

ISBN 978-3-936286-10-6

Elke Gulden, Bettina Scheer

Singzwerge & Krabbelmäuse

Frühkindliche Entwicklung musikalisch fördern mit Liedern, Reimen, Bewegungs- und Tanzspielen für zu Hause, für Eltern-Kind-Gruppen, Musikgarten und Krippen

ISBN (Buch) 978-3-936286-36-6
ISBN (CD) 978-3-936286-37-3

Antje und Burkhard Neumann

Waldfühlungen

Das ganze Jahr den Wald erleben – Naturführungen, Aktivitäten und Geschichtenfibel

ISBN 978-3-931902-42-1

Antje und Burkhard Neumann

Wasserfühlungen

Das ganze Jahr Naturerlebnisse an Bach und Tümpel – Naturführungen, Aktivitäten und Geschichtenbuch

ISBN 978-3-936286-13-7

Gisela Mühlenberg

Mit Pinsel, Farbe, Schere und Papier

Pfiffige Sachen basteln zum Spielen, Staunen und Bewegen mit Kindern ab 2 Jahren

ISBN 978-3-86702-105-0

Antje und Burkhard Neumann

Wiesenfühlungen

Das ganze Jahr die Wiese erleben Naturführungen, Wahrnehmungsspiele und Geschichtenbuch

ISBN 978-3-931902-89-6

U. M. Kindel, B. Laux

Erde, Matsch & Stein

Spannende Hörspielgeschichten und KNUDlige Lieder

ISBN
(Hörbuch-CD) 978-3-86702-040-4
(Aktionsbuch) 978-3-86702-038-1
(Unterrichtsmaterial) 978-3-86702-039-8

M. Kindel, B. Laux

Sonne, Wind & Wasserkraft

Spannende Hörspielgeschichten und KNUDlige Lieder

ISBN
(Hörbuch-CD) 978-3-86702-069-5
(Aktionsbuch) 978-3-86702-068-8
(Unterrichtsmaterial) 978-3-86702-070-1

H. E. Höfele, S. Steffe

Eiche, Farn & Specht

Spannende Hörspielgeschichten und KNUDlige Lieder

ISBN
(Hörbuch-CD) 978-3-86702-099-2
(Aktionsbuch) 978-3-86702-098-5

M. F. Hohberger, R. Kiwit

Luftmusik & Feuerfarbe

Eine spannende musikalische Reise zu den vier Elementen Erde, Feuer, Luft und Wasser

ISBN (CD) 978-3-86702-057-2
ISBN (Buch) 978-3-86702-056-5

P. Budde, J.Kronfli

Weltmusik für Kinder

ISBN
(CD) 978-3-86702-081-7
(Liederbuch) 978-3-86702-080-0

Kinder kommen zur Ruhe

Die schönsten Melodien zum Entspannen, Einschlafen und Träumen

ISBN (CD) 978-3-936286-92-2

Kinder kommen in Bewegung

Die schönsten Lieder zum Toben, Tanzen und Bewegen

ISBN (CD) 978-3-86702-009-1

Kinder kommen in Stimmung

Die schönsten Lieder zum Feiern, Bewegen und Ausgelassensein

ISBN (CD) 978-3-86702-024-4

Lieder für kleine Kinder

Die schönsten Lieder für die Kleinsten

ISBN (CD) 978-3-86702-091-6

Kinder einer Welt

Die schönsten Kinderlieder aus aller Welt

ISBN (CD) 978-3-936286-91-5